BEI GRIN MACHT SICH IHR WISSEN BEZAHLT

- Wir veröffentlichen Ihre Hausarbeit, Bachelor- und Masterarbeit

- Ihr eigenes eBook und Buch - weltweit in allen wichtigen Shops

- Verdienen Sie an jedem Verkauf

Jetzt bei www.GRIN.com hochladen und kostenlos publizieren

Karl Liebknecht

Grundzüge einer Marxkritik

Bibliografische Information der Deutschen Nationalbibliothek:

Die Deutsche Bibliothek verzeichnet diese Publikation in der Deutschen Nationalbibliografie; detaillierte bibliografische Daten sind im Internet über http://dnb.d-nb.de/ abrufbar.

Dieses Werk sowie alle darin enthaltenen einzelnen Beiträge und Abbildungen sind urheberrechtlich geschützt. Jede Verwertung, die nicht ausdrücklich vom Urheberrechtsschutz zugelassen ist, bedarf der vorherigen Zustimmung des Verlages. Das gilt insbesondere für Vervielfältigungen, Bearbeitungen, Übersetzungen, Mikroverfilmungen, Auswertungen durch Datenbanken und für die Einspeicherung und Verarbeitung in elektronische Systeme. Alle Rechte, auch die des auszugsweisen Nachdrucks, der fotomechanischen Wiedergabe (einschließlich Mikrokopie) sowie der Auswertung durch Datenbanken oder ähnliche Einrichtungen, vorbehalten.

Impressum:

Copyright © 2009 GRIN Verlag GmbH
Druck und Bindung: Books on Demand GmbH, Norderstedt Germany
ISBN: 978-3-640-25343-2

Dieses Buch bei GRIN:

http://www.grin.com/de/e-book/121403/grundzuege-einer-marxkritik

GRIN - Your knowledge has value

Der GRIN Verlag publiziert seit 1998 wissenschaftliche Arbeiten von Studenten, Hochschullehrern und anderen Akademikern als eBook und gedrucktes Buch. Die Verlagswebsite www.grin.com ist die ideale Plattform zur Veröffentlichung von Hausarbeiten, Abschlussarbeiten, wissenschaftlichen Aufsätzen, Dissertationen und Fachbüchern.

Besuchen Sie uns im Internet:

http://www.grin.com/

http://www.facebook.com/grincom

http://www.twitter.com/grin_com

Karl Liebknecht

Grundzüge einer Marxkritik[1],[2]

[erschienen 1922]

Inhalt

A. Begriffe „Arbeitskraft" und „Arbeit"..5

B. Formel des Gegensatzes zur Marxschen Werttheorie............................6

C. Die inneren Widersprüche der Marxschen Werttheorie........................8

D. Eigene Konstruktion..19

E. Wachstum der gesellschaftlichen Wertsumme.....................................32

F. Wertwandel und Produktivität..36

Anmerkungen..43

A. Begriffe „Arbeitskraft" und „Arbeit"

1. Arbeit = Akt der Ausgabe (Verausgabung) der Arbeitskraft; also nicht ein Faktor, eine Potenz neben, außer der Arbeitskraft, sondern ein Schicksal der Arbeitskraft, ein Vorgang, ein Geschehen mit der Arbeitskraft. Arbeit ist nicht nur kein selbständiger, besonderer Faktor neben (außer) der Arbeitskraft, sie ist vielmehr überhaupt kein Faktor, sondern ein facere, ein agere; auch in geleisteter Arbeit ist Arbeit enthalten als ein Akt, nicht als Kraft, sondern als das Ausgeben einer Kraft, der Arbeitskraft, die den Faktor darstellt.

2. *Geleistete* „Arbeit" = die investierte, verausgabte, in den Produktionsprozeß eingeführte (geleistete) Arbeitskraft; = die durch den vollzogenen Akt (vgl. zu i) verausgabte Arbeitskraft. Also nichts Wesensanderes als Arbeitskraft, sondern *Arbeitskraft selbst*, nur im Stadium des Entäußertseins, im *entäußerten* Stadium, vom menschlichen Träger der Arbeitskraft losgelöst, entäußert, objektiviert. „Geleistete Arbeit" also ein wenig präziser Ausdruck für verausgabte Arbeitskraft.

B. Formel des Gegensatzes zur Marxschen Werttheorie

I. Marx bemißt den Wert der Arbeitskraft nach deren klassenmäßig, sozial-bedingten, in praxi aufgewandten Durchschnittproduktionskosten, nach den *klassenmäßigen* Durchschnittsproduktionsbedingungen — ein *klassenmäßig*, nicht *allgemein-gesellschaftlich bestimmter Wert*.

Richtig dagegen ist: Die gesamtgesellschaftlichen Durchschnittsproduktionsbedingungen bestimmen wie den Wert aller andren Güter, so auch den Wert der Arbeitskraft; auch der Wert der Arbeitskraft ist kein klassenmäßig-, sondern ein allgemein-gesellschaftlich bestimmter Wert. Der gesamtgesellschaftlich bemessene Durchschnittswert der Arbeitskraft gilt im Produktions- und Zirkulationsprozeß, geht in das Produkt ein usw. Das kapitalistische Tauschobjekt aber (Lohn) wird nicht nach diesem gesamt-gesellschaftlichen Durchschnittswert bemessen, sondern nach dem klassenmäßigen „Wert", nach den klassenmäßig empirischen Produktionsbedingungen, nach den in praxi konkret klassenmäßig (sozial) durchschnittlich aufgewendeten Produktionskosten; *ist also kein Wertäquivalent, sondern ein Minderwert.*

II. Marx behandelt die Arbeit als den wertschöpfenden Faktor — als einen besonderen Faktor außer (neben) der Arbeitskraft —; während sie richtig gar kein Faktor ist — nur die Form, der Vorgang der Verausgabung der Arbeitskraft, die den alleinigen menschlichen wertschöpferischen Faktor darstellt.

III. Marx zerreißt den Kreislauf des Werts, der richtig in endloser Kette — Spirale! — zu erkennen und in theoretischer Formulierung zu fassen ist.

IV. Marx macht die „Arbeit" zu einem *ur*schöpferischen Faktor; der aus dem *Nichts* oder einer phantastischen transzendentalen Wunderquelle Wert schafft; Wert über den Wert der Arbeitskraft, deren Verausgabung doch die Arbeit darstellt; den sog. Mehrwert, der aber richtig nur ist der Teil des Werts der verausgabten Arbeitskraft, der über den Wert des kapitalistischen „Äquivalents", des Lohns hinausgeht, der kein Äquivalent ist.

C. Die inneren Widersprüche der Marxschen Werttheorie

I. a) Marx zerstört den Kreislauf des Werts, indem er ganz willkürlich und rein dialektisch-grammatikalisch Arbeitskraft und Arbeit auseinanderreißt, das Verhältnis zwischen unverausgabter und verausgabter Kraft wegdisputiert, um ihre daraus folgende Wertidentität zu verdecken und der Arbeitskraft so die Fähigkeit zur Erzeugung von mehr Wert, als sie selbst besitzt (Neu-Mehr-Wert, Schöpfungskraft oder -Fähigkeit) zuzusprechen.

b) Unklar, jedenfalls unausgeführt bleibt bei Marx das historischmoralische Moment der wechselnden Lebenshaltung der Arbeiter, des wechselnden *tatsächlichen* Aufwands für die Erzeugung der Arbeitskraft, dieser *tatsächlichen* Produktionskosten der Arbeitskraft, die darum doch nicht notwendig ihren Wert bestimmen: es sei denn, daß man die allzu bequeme Tarnkappe der vieldeutigen Definitionsworte „gesellschaftlich-notwendig" (was hier hieße: „klassenmäßig - notwendig") auch zur Verdeckung dieser Schwierigkeit benutzen will.

c) In der Stellung zum Problem der Durchschnittsprofitrate knickt die Marxsche Theorie ein zweites Mal (wie zu a) und zerbricht ihren eignen Zusammenhang, ihre eigne logische Konsequenz, ihre Geschlossenheit; sie muß eine rein praktisch-empirische Deutung ergreifen.

II. Zu a ist das wesentlichste in meinen „Bemerkungen zur polit. Ökonomie" (aus Moabiter Arrest) gesagt — im Anschluß an Ausführungen aus 1891 und aus Glatz — desgleichen ist dort *meine* Auffassung, wenn auch nur flüchtig und andeutungsweise, skizziert.[3]

III. a) Die *Produktivität der Arbeit* ist der Ausdruck (das Ergebnis, Produkt) der *gesellschaftlichen Kräfte, der Kräfte* (Leistungsfähigkeit) der *Gesellschaft als Ganzes*; nicht des Arbeiters, auch nicht der Arbeiterklasse.

b) Vom Wert der *Arbeitskraft*, der Arbeit (Arbeitsleistung), des Arbeits*produkts* gilt das gleiche.

IV. Aus der Sphäre und dem Aspekt der Gesellschaft als Ganzes, der Gesamtgesellschaft muß in die Sphäre der einzelnen Klassen gestiegen werden, der einzelnen Klassen und ihres Verhältnisses (speziell: Machtverhältnisses) zueinander, wenn man zur Betrachtung des *Verteilungsproblems* schreitet, und zwar des Produkts- und Wertverteilungsproblems.

Die „Lohnfrage", die Frage, was jeweils zur Erhaltung des Arbeiters und der Arbeiterklasse als Ganzes und zur Reproduktion der Arbeitskraft tatsächlich von der Gesellschaft aufgewendet wird, ist durchaus eine Machtfrage; liegt im Gebiete der sozialen Machtverteilung (freilich im Sinne früherer Kapitel u. U. — in gewissen Perioden — als gesamtgesellschaftliches Bedürfnis!).

V. Nach diesen jeweils tatsächlichen Produktionskosten den Wert der Arbeitskraft bemessen zu wollen, bleibt eine um so wunderlichere Antinomie und Inkonsequenz der Marxschen Lehre, je mehr diese Lehre in der Konstruktion von Mehrwert und Profit ganz *rücksichtslos von der empirischen Erscheinung der Durchschnittsprofitrate abstrahiert hat.* Die Abstraktion von der ungleichen Verteilung des Arbeitsprodukts an die verschiedenen Klassen wäre für die Werttheorie nicht auffälliger, noch radikaler gewesen.

Aber je mehr Marx in der Profitratenfrage zunächst radikal abstrahiert von den empirischen Erscheinungen, während er in der Lohnfrage die Empirie in die Konstruktion hineinzugeheimnissen versucht hat, um so schwerer konnte man sich in die Vorstellung bequemen, daß das Problem der Durchschnittsprofitrate von Marx durch diese einfache praktisch-empirische Lösung erledigt werden würde, die in der Tat ein Wiederumbiegen, Wiederzurückbiegen der zunächst so abstrakten Konstruktion bedeutet.[4]

Auch in der Frage der Profitrate ist die Marxsche Theorie gebrochen — *nur gerade umgekehrt*, als zu a (in Frage des Verhältnisses von Wert der Arbeitskraft und Neuwert-Schöpfungsfähigkeit der Arbeit): während hier die Erscheinung der Empirie einfach in das Konstruktionsschema der Theorie eingefügt und durch Zuhilfenahme eines irrationalen (metaphysischen, transzendentalen) Moments (der Urwert-Schöpfungskraft der Arbeit) unschädlich gemacht, neutralisiert wird, ist in der Durchschnittsprofitfrage die Empirie zunächst völlig — bis zur Irrealität der Lösung — ausgeschaltet, um dann am Schluß in fast gewaltsamer Weise und vom Standpunkt des Marxschen Wesens sehr äußerlich zur Geltung gebracht zu werden.

VI. In beiden Fragen liegt „Tycho de Brahismus" vor — ein Bemühen einer Wiederausschaltung (Eliminierung) eines erst durch eine falsche Theorie in das Schema hineinkonstruierten Fehlers.

VII. Die Marxsche Theorie hat zwar nicht ihre Dreispältigkeit (denn die Profitratenfrage liegt anders), wohl aber — in der Mehrwertsfrage — ihre Zweispältigkeit von der klassischen bürgerlichen Theorie empfangen — eine echte Erbsünde, wenn auch keine untilgbar-ewige Todsünde.

Smith und Ricardo hatten die Vorstellung und den Begriff von „Ausbeutung" nicht. Nach ihnen entstand der Profit als Handelsprofit durch einen Zuschlag, den der Kapitalist als Verkäufer seines Produkts auf den Kostpreis der Ware (Unkosten an Roh- und Hilfsstoffen und Verschleiß des konstanten Kapitals plus Arbeitslohn) nahm.[1]

VIII. In einem anderen Punkt, und zwar einem *Angel*punkt der Marxschen Konstruktion wird die *Gesamt*gesellschaft als entscheidender Faktor verwendet: das Wertmaß ist das Quantum an *gesellschaftlich-*notwendiger Arbeit, d. h. das nach dem kulturellen und besonders wirtschaftlichen Gesamthabitus der Gesamtgesellschaft einmal bei *der*

---

[1] (Vgl. Smith, Wealth of Nations, I, c VI am Anfang.) Die Arbeit des Arbeiters wird demnach in ihrem vollen Wert bezahlt. Der Profit wird also von einem anderen Punkte her abgeleitet. Das entlarvende Verteilungsproblem in seiner wichtigsten Rolle, beruhend auf der sozialen Lage, wird also von ihnen nicht betrachtet. Auf dieser falschen Fährte folgt ihnen Marx, bei dem die Arbeitskraft des Arbeiters voll entlohnt wird und die Entstehung des Profits, des Mehrwerts auch an einen anderen Ort verlegt wird, nämlich in das rätselvolle Vermögen der Arbeitskraft, mehr Wert zu produzieren, als sie selbst hat. Jedenfalls ist Marx in diesen Punkten insofern nur ein Tycho de Brahe der Nationalökonomie.

Produktion (entsprechend dem Stand der Technik usw.), sodann für den *Bedarf* (die Konsumtion) notwendige Quantum an Arbeit.

Also sowohl für die Produktion wie für die Konsumtion ist hier die Gesamtgesellschaft das *Dauernde*, Allgemeine, die kulturelle Totalität als geschlossene Einheit in die Wertkonstruktion eingeführt.

Warum bei Bemessung des Werts der *Arbeitskraft* den Maßstab der Klasse, nicht der Gesellschaft, den Maßstab der jeweiligen sozialen Einzel- und Teilerscheinung, nicht der Gesamtheit (Totalität), der Vielheit, nicht der Einheit, des Wechselnden, empirisch-historisch Vorübergehenden, nicht des Dauernden zugrunde legen? Wo doch der Wert der Leistung dieser selben Arbeitskraft, nämlich die Arbeit, nach gesamtgesellschaftlichem Maß gemessen wird? Erfordert nicht die Konsequenz, die Gesamtgesellschaft auch in die Konstruktion des Werts der Arbeitskraft einzuführen, statt der Zufälligkeit (des Details) des sozialen Klassenniveaus in der Lebenshaltung?

IX. Weitere innere Anomalie und Inkohärenz (Inhomogenität) der Marxschen Werttheorie:

Auch nach Marx ist der *Wert* eine *gesamtgesellschaftliche*, keine Klassentatsache, eine Tatsache, die von der gesamten Gesellschaft in allen ihren Klassen anerkannt und verwirklicht, von der gesamten Gesellschaft, in allen ihren Klassen, zur Grundlage ihres wirtschaftlichen Verhaltens genommen wird und werden muß, eine Tatsache, die die Ökonomie der gesamten Gesellschaft, in allen ihren Klassen, beherrscht. Als eine solche Tatsache muß der Wert folgerichtig auch aus den Bedingungen der Gesamtgesellschaft erklärt, konstruiert werden; seine Bestimmungsgründe müssen in dem Gesamtzustand der Gesamtgesellschaft als einer Totalität (einem Fazit, einer Summe) gefunden werden.

Sie — wie Marx tut — wenn auch in doppelter Inkonsequenz (vgl. oben) — in den sozialen Bedingungen nur eines Teils der Gesellschaft, nur *einer Klasse*, der Arbeiterklasse (nämlich ihrer jeweils historisch gegebenen Lebenslage, Lebenshaltung) suchen, ist, so scheint mir, ein arger Widerspruch.

X. Trügerisch ist der scheinbare Vorteil der Marxschen Lehre, als ermögliche sie — im Gegensatz zu meiner Konstruktion — eine arithmetisch bestimmte Bemessung des Werts aus dem Wert der für die Erzeugung der Arbeitskraft aufgewandten Waren: denn

a) in diesem letzteren Wert steckt nach Marx das arithmetisch nicht faßbare Moment des „gesellschaftlich notwendig" (in bezug auf die zur Produktion dieser Ware nötige Arbeit);

b) auch das Moment des „gesellschaftlich notwendig" in bezug auf die bei der jeweils betrachteten Produktion selbst aufgewandte Arbeit ist arithmetisch nicht faßbar;

c) das historisch-moralische Moment, das in der jeweiligen historisch gegebenen Lebenshaltung steckt, der Wechsel und Wandel der Lebenshaltung ist arithmetisch nicht faßbar; indem Marx hier dies historisch-moralische Moment ausdrücklich in seine Theorie aufnimmt, nimmt er ein soziales Moment aus dem Bereich der Verteilung des gesellschaftlichen Gesamtprodukts, ein Moment aus dem *Bereich des Machtkampfes* der Klassen auf, das seiner sonstigen Theorie ein fremdartiger Bestandteil ist.

XI. Die Aufnahme dieses fremdartigen Bestandteils (des historisch-moralischen Elements) bildet eine weitere Inkonsequenz der Marxschen Lehre. Dieser Bestandteil ist denn auch stets bei den Untersuchungen Marx' und seiner Anhänger am Katzentisch der Theorie gesessen; er enthält in Wahrheit das Sprengpulver zur Zer-sprengung der Marxschen Wertkonstruktion.

XII. Nur trügerisch ist auch der angebliche Vorteil einer Konkretisierung der Marxschen Theorie auf die besonderen Bedingungen der kapitalistischen Gesellschaftsordnung, der angebliche Vorzug einer bewußten Beschränkung, Spezialisierung auf die

Untersuchung des kapitalistischen Tauschwerts. Ganz abgesehen von dem — über die kapitalistische Gesellschaftsordnung hinausreichenden oder doch hinausweisenden — historisch-moralischen Momente (vgl. zu XI): aller Vorteil, der aus dieser historischen Spezialisierung bei der Wertkonstruktion erwachsen kann, wird durch eine allgemeine, die verschiedenen Gesellschaftsordnungen insgesamt umfassende Wertkonstruktion keineswegs preisgegeben; nur findet diese Spezialisierung nicht in der Wertkonstruktion selbst statt, sie wird in das Bereich der Verteilung des gesellschaftlichen Gesamtprodukts verlegt. Hier kann dieser Vorteil sogar in weit gründlicherer Weise und viel reichlicher gewonnen werden (durch Konkretisierung der sozialen Vorgänge, Prozesse, Kämpfe, Machtverhältnisse, Machtverschiebungen und ihrer Wirkungen), als bei der gewaltsamen und künstlichen Erpressung des Verteilungsproblems in das Wertproblem.

XIII. Während meine Konstruktion keinen Vorteil der Marxschen preisgibt, sie vielmehr durchweg und wohl gar verstärkt festhält, weist sie gerade in der die verschiedenen Gesellschaftsordnungen, die Gesamtentwicklung der menschlichen Kultur über(um-)span-nenden Allgemeingültigkeit einen, wie mich dünkt, beträchtlichen Vorzug auf.

Die Trennung der Wertkonstruktion für die verschiedenen Gesellschaftsordnungen ist gewaltsam, ja unmöglich. Sie bedeutet einen Versuch, die verschiedenen Formen der Gesellschaft, die doch nur verschiedene Stadien ihrer Entwicklung sind, radikal und prinzipiell auseinanderzuschneiden. Der Wert ist nicht eine nur kapitalistisch-gesellschaftliche Tatsache; er existiert vor und nach der kapitalistischen Gesellschaft; nur in verschiedener Form, in verschiedenen Händen. Wie soll beim Übergang zu einer andren Gesellschaftsform die Übernahme des (akkumulierten) gesellschaftlichen Reichtums (des materiellen, stofflichen Feudums) konstruiert werden, wie speziell ein Wertmaß für diesen Reichtum im ganzen und im einzelnen gewonnen werden, wenn der Wert nicht „über-einzelgesellschaftliche" (d. h. über eine besondere Gesellschaftsordnung hinausgehende) Realität und Konstitution besitzt?

So wahr das Feudum, der gesellschaftliche Reichtum, als konkreter Wertträger, über-einzelgesellschaftliche Realität und Konstitution besitzt, von einer Form der Gesellschaft in die andre übernommen wird, so wahr muß der Wert über-einzelgesellschaftlich erfaßt, konstruiert werden, nämlich als eine allgemein kulturelle, allgemein sozial-entwicklungsgeschichtliche Tatsache.

XIV. Auch das propagandistische Erfordernis der einleuchtenden Deutlichkeit und der Handgreiflichkeit der sozialen Exploitation wird durch diese Konstruktion mindestens so befriedigt wie durch die Marxsche.

XV. Reinliche Scheidung von Wert- und Verteilungsproblem ist geboten; die Marxsche Einschachtelung, Einzwängung, Einpres-sung des Verteilungsproblems in die Wertkonstruktion schädigt beide Probleme.

Das Wertproblem liegt in der über – einzelgesellschaftlichen Sphäre; das Verteilungsproblem (und damit das Ausbeutungsproblem) in der einzelgesellschaftlichen Sphäre, in der Sphäre des Verhältnisses zwischen den einzelnen Schichten einer gegebenen Gesellschaftsform.

XVI. Von Marx ist die „Arbeit" durch ihre willkürlich gewaltsame Losreißung von der „Arbeitskraft" zu einem mystischen Etwas, einem transzendental-okkultistischen Wesen gemacht oder auch zu einem deus ex machina, zu einer im Bachofenschen Sinne „sumpfzeugenden", geheimnisvollen Macht, mit der Fähigkeit der Urzeugung, Urschöpfung, ursachlosen Hervorbringung von Wert, ja sogar von Produkten (als konkreten Wertträgern) ausgestattet; zu einem *Faktor neben* der *Arbeitskraft,* während sie doch nichts ist als die *Funktion* der Arbeitskraft, also gar kein besonderer Faktor, sondern ganz eigentlich das „Faktum", oder „Faden dum" oder „quod fit" (je nachdem Vergangenheit, Zukunft oder Gegenwart). Diese Lostrennung und Erhebung zu einem besonderen Faktor, einem besonderen Glied in der Kausalkette des Wertgesetzes (der sozialen Wertbildung) zerreißt diese Kausalkette in Wirklichkeit und führt dazu, einen mystisch-nebelhaften Winkel zu schaffen, in den das Problematische des Wertmaßstabs, der Wertbildung und der Ausbeutung, in den eine scheinbare Losung der durch die Verkuppelung von Wert- und Verteilungsproblem entstandenen Schwierigkeiten hineingeheimnißt werden kann.

Hier steht in der Tat nur ein Wort statt eines Begriffs; ein dialektisches Wortkunststück statt einer Lösung.

Es gibt keine Produktivität und keinen Wert der „Arbeit", sondern der Arbeitskraft (oder doch nur in dem unklaren Sinn, in dem von der Produktionsfähigkeit und dem Wert einer Maschinenumdrehung gesprochen werden mag — eine Redensart, die nur die Produktionsfähigkeit und den Wert der bei der Maschinenumdrehung aufgewandten Stoffe, Abnutzung usw. meinen kann). In der Form der Arbeit entlädt sich die Arbeitskraft, wie die elektrische Kraft, die Wärme, der Schall in der Form der Wellenbewegung; die Arbeit als besonderes Glied in die Wertkonstruktion einführen wollen, ist einem Versuch zu vergleichen, die Wellenbewegungs*form* als einen besonderen *Kraft*-Faktor neben der elektrischen, Wärme- und Schallkraft in die Physik einzuführen.

„Arbeit" als besonderer Faktor bei der Wertbildung und damit der ganze Marxsche Wert schwebt in der Luft — löst sich in blauen Dunst.

XVII. Bei Marx ist der Ausgangspunkt für die Konstruktion der Exploitation: die faktische jeweilige soziale Lage (Lebenshaltung) des Arbeiters.

Danach wird der Wert der Arbeitskraft bemessen (dieser Wert wird voll bezahlt!; vgl. unten!); die Exploitation besteht darin, daß aus dieser so bewerteten Arbeitskraft mehr Arbeit herausgeholt wird, als zur Reproduktion der Arbeitskraft nach der jeweiligen faktischen sozialen Lage (Lebenshaltung) des Arbeiters nötig ist.

Marx' Ausgangspunkt ist also der jeweils historisch-konkrete Stand der *sozialen Klassenlage*; und zwar für die Feststellung des *wirklichen gesellschaftlichen* Wertes der Arbeitskraft; aus einer *Klassen*tatsache sucht er eine *gesamt*gesellschaftliche Tatsache herzuleiten.

Meine Konstruktion geht von der kulturellen Gesamtlage der Gesamtgesellschaft (in ihrer wirtschaftlichen Wirkung) aus für die Bestimmung der gesellschaftlichen Durchschnittsproduktivität, gewinnt daraus das Maß des wirklichen Werts, der Arbeitskraft, und zeigt, daß der Arbeiter nicht mehr Wert produziert, als seine Arbeitskraft wert ist (außer der Erweiterung der Stufenleiter, Akkumulation, Aufhäufung, gesellschaftlichen Reichtums), aber ein zu geringes Entgelt erhält, einen Lohn, einen Anteil am gesellschaftlichen Gesamtprodukt, der *kein* Äquivalent der verausgabten Arbeitskraft ist.

XVIII. Bei Marx erhält der Arbeiter seine Arbeitskraft an sich voll bezahlt; nur wird im Arbeitsprozeß eine angeblich mystische Eigenschaft (Fähigkeit) dieser Arbeitskraft ausgenutzt, nämlich die: mehr produzieren zu können, als zu ihrer Reproduktion nötig.

Diese Konstruktion der Exploitation leidet an großer Unklarheit, ja einem schweren inneren Widerspruch: denn wenn die Arbeitskraft wirklich die Fähigkeit besitzt, mehr zu produzieren, als zu ihrer Reproduktion nötig — hat der Arbeitgeber, der die Arbeitskraft erwirbt, dann nur den Teil von ihr erworben und bezahlt, der zu ihrer Reproduktion nötig, oder nicht vielmehr auch das übrige, den Rest von ihr, ihre okkultistische Macht, das mystische Etwas, die wert-urzeugende Fähigkeit, die über die Selbst-Reproduktionskraft hinausgeht? Was berechtigt, eine Relation irgendwelcher Art zwischen dem Wert des Lohns (Kaufpreises der Arbeitskraft) und der Selbst-Reproduktionskraft der Arbeitskraft herstellen, behaupten zu wollen? Die Arbeitskraft, wie sie ist, teile quelle, mit all ihren Eigenheiten ist erworben und voll bezahlt, so wie mit dem Kaufpreis einer Blume nicht nur deren Stengel, Blätter usw., sondern auch ihre Fähigkeit zu duften und durch Farbe und Form zu erfreuen. Wie könnte ein solcher beschränkter Erwerb der Arbeitskraft in praxi abgegrenzt werden? Welchen Sinn hätte die Beschränkung auf den nur reproduktiven Teil der Arbeitskraft?

Wo liegt, was heißt „Exploitation", wenn wirklich die ganze Arbeitskraft bezahlt ist, ein volles Äquivalent für den Wert der Arbeitskraft gegeben ist?

Daraus, daß, wie andere Eigenschaften, so auch eine gewisse angeblich mystische Eigenschaft der vollbezahlten, durch völliges Äquivalent[5] ganz erworbenen Arbeitskraft, nämlich die angebliche Eigenschaft, mehr produzieren zu können, als zur (eignen) Selbstreproduktion nötig, vom Unternehmer ausgenutzt wird, kann keine Exploitation konstruiert werden. Selbstreproduktionskraft und Wert sind ganz inkommensurable Tatsachen, die Marx nur willkürlich in eine künstliche Relation zu setzen sucht.

Nur der kontinuierliche Kreislauf (Spirallauf) der Wertgröße ist wesentlich; die Werturzeugung durch „Arbeit" ist unerträglich.

Warum sollte gerade *die* angebliche Eigenschaft (Fähigkeit) der Arbeits*kraft*, Arbeit über die (eigne) Selbstreproduktion hinaus zu leisten, durch das — nach Marx — volle und wirkliche Äquivalent des Lohnes nicht mit „erworben" sein, nicht ebenso „reell" eingetauscht sein, wie die anderen Fähigkeiten, über die kein Wort verloren wird, insbesondere die Fähigkeit, Arbeit im Wert der eignen Reproduktion zu leisten! Man mag den ganzen kapitalistischen Arbeitsvertrag verwerfen oder akzeptieren oder beurteilen, wie man mag — aber diese eine angebliche Eigenschaft der Arbeitskraft so absonderlich behandeln und beurteilen zu wollen, fehlt jeder Sinn. Welcher zureichende Grund besteht, aus der Ausnützung gerade dieser einen angeblichen Eigenschaft so weitgehende Folgerungen zu ziehen wie Marx? so bedeutsame Konstruktionen und sonstige wissenschaftliche Gebilde darauf zu gründen, wie die der Exploitation und schließlich die des ganzen Wesens der kapitalistischen Gesellschaftsordnung?

XIX. Konstruktion der *Exploitation*:

Bei Marx: Lohn = wirkliches Äquivalent der Arbeitskraft — nur die Anwendung der mystischen Werturzeugungs-Fähigkeit, der Über -

Selbstreproduktionsfähigkeit der Arbeitskraft stempelt die Anwendung des Arbeiters (der Arbeitskraft) zur Exploitation.

Bei mir: Lohn nicht = wirkliches Äquivalent der Arbeitskraft, sondern weniger.

D. Eigene Konstruktion

XX. *Der Wert* ist aus dem Bereich der *Gesamt*gesellschaft, und zwar ohne Rücksicht auf die Gesellschafts*form* (die Entwicklungsstadien), nur aus ihrem wirtschaftlichen, nicht aus ihrem sozialen Wesen (Klassen, Machtverteilung, Reichtumsverteilung) zu konstruieren; die Exploitation aus der sozialen Lage der einzelnen Gesellschaftsteile (Klassen), ihrer Lebenshaltung, ihrem Anteil am gesellschaftlichen Gesamtprodukt.

Der Maßstab der Exploitation ist das Verhältnis zwischen der gesellschaftlichen Durchschnittsproduktivkraft der Arbeitskraft unter Abzug des im gesamtgesellschaftlichen Interesse zu Akkumulierenden und dem für ihre Verausgabung wirklich gewährten Anteil am gesellschaftlichen Gesamtprodukt; die Spannung zwischen der gesellschaftlichen Durchschnittslebenshaltung und der konkreten jeweils historisch gegebenen Lebenshaltung des Arbeiters, der Arbeiterklasse.

Die Frage der verschiedenen Grade der Ausbeutung einzelner Sorten von Arbeit und die Frage der Durchschnittsprofitrate entstehen nach meiner Konstruktion im Marxschen oder einem ähnlichen Sinne überhaupt nicht, d. h. nicht als ein Problem. Die bei Marx entstehenden Schwierigkeiten reduzieren sich nach meiner Auffassung auf die Feststellung, daß Wert und Ausbeutung in ganz verschiedenen Sphären liegen, konstruktionell gar nicht verknüpft sind und für jede dieser beiden Erscheinungen ein eigner, besonderer Maßstab besteht, jede ihr Maß in sich trägt, mit sich selbst führt.

XXI. Ohne Rücksicht auf den Grad der Produktivität der einzelnen Arbeitsart, ohne Rücksicht auf die Fähigkeit der Arbeitskraft, durch die eine oder andere Art ihrer Verausgabung im Marxschen Sinne sich in dieser oder jener Zeitdauer, durch dieses oder jenes Quantum zu selbstreproduzieren, erhält .nach meiner Konstruktion die Arbeiterklasse einerseits, die Kapitalistenklasse andererseits denjenigen Anteil am Gesamtprodukt der Gesellschaft, der ihrer gesellschaftlichen Machtstellung entspricht.

Die Exploitation ist: Vergewaltigung, Benachteiligung bei der Verteilung des gesellschaftlichen Gesamtprodukts.

XXII. Ist dies auch für jeden *einzelnen* Fall die einzige Quelle des Profits? Nein! Dies gilt nur für den gesellschaftlichen G«samtdurchschnitt als das Normale und Wesentliche. Daneben sind noch individuelle, gesellschaftsdurchschnittlich zufällige andre Quellen möglich: überdurchschnittliche, anormale Vergewaltigung und Auspressung der Arbeiter. Mit solchen Anomalien, die begriffs-und voraussetzungsgemäß nichts als Anomalien sind, rechnet auch die Marxsche Theorie allenthalben. Sie können außer acht gelassen werden. Hier handelt sich's um die Massenerscheinungen, um die großen Durchschnittsgrundzüge der gesellschaftlichen Gesamtentwicklung, des Geschichtsverlaufs.

XXIII. [Aus Ms. A]. *Kapitalzusammensetzung.*

a) Der Wert des fixen, aber auch des übrigen „konstanten" Kapitals — im ganzen und in den einzelnen Stücken — ist keineswegs konstant, sondern im Fluß:

α) Durch Akkumulation oder Destruktion verschiebt sich der Gesamtwert.

β) Durch Änderung in der Produktivität der Arbeit, Änderung der Arbeitsmethoden, Ortsveränderungen der Produktion usw. ändert sich der Wert der einzelnen, gegebenen, überlieferten, „geronnene Arbeit" der Vergangenheit verkörpernden Gebrauchsstücke, wie des gesamten überlieferten konstanten Kapitals (des Feudums) der Gesellschaft. Gesteigerte Produktivität der Arbeit führt dazu, daß zum Feudum gehörige Güter, die nach wie vor von der Gesellschaft in unveränderter Gestalt konsumiert werden, an Wert verlieren; die Änderung der Arbeitsmethoden kann nicht nur zu solcher Wertminderung, sondern auch zur völligen Aufhebung bisheriger Werte des Feudums führen.

Der Wert des Feudums, der jeweils in die Produktion eingeht, ist der Wert, den es bei Neuherstellung zur Zeit der Verwendung haben würde, nicht der, den es bei seiner Herstellung verkörperte.

Was hier vom konstanten Kapital (c) gesagt ist, gilt auch von den zum variablen (v) gehörigen überkommenen Produkten des Konsums (den Vorräten an Lebensmitteln), die auch zum Feudum, d. h. zu dem überlieferten gesellschaftlichen Sachreichtum gehören, mit dem die Gesellschaftswirtschaft jeweils für ihre Fortsetzung ausgerüstet ist.

b) Das „variable" Kapital besteht aus der jeweils vorhandenen noch nicht verausgabten Arbeitskraft plus den Konsumwaren, die im gleichen Zeitpunkt — fertig oder unfertig — zur Reproduktion der in diesem Zeitpunkt verausgabten Arbeitskraft vorhanden sind.

Sein Wert ist nicht gleich dem Wert der jeweils angewandten (verausgabten oder noch nicht verausgabten) Arbeitskraft. Der Wert der Arbeitskraft ist größer, nämlich gleich dem Werte des „variablen Kapitals" plus dem Werte des von der Arbeitskraft produzierten (re- oder neuproduzierten) oder noch zu produzierenden „konstanten Kapitals".

Der Wert der jeweils zur Reproduktion der Arbeitskraft des *Proletariats* dienenden Lebensmittel (Teil von v) ist nicht gleich dem Wert der jeweils angewandten (verausgabten oder noch nicht verausgabten) Arbeitskraft des Proletariats, sondern niedriger, da diese Arbeitskraft eben unter ihrem Werte bezahlt und durch unterwertigen Konsum reproduziert wird.

c ist nur Mittel zum Zweck von v, die Produktion auch von Produktionsmitteln nur Mittel zur Produktion von Konsumtionsmitteln, in die alles c laufend einfließt.

m („Mehrwert") ist der dem Proletariat entzogene Teil seines Produkts (bemessen nach der gesellschaftlichen Durchschnittsproduktivität). Es dient dem kapitalistischen Oberkonsum. Die gesellschaftlich notwendige Akkumulation erfolgt nicht aus m; das zu Akkumulierende wird als gesellschaftliche Funktion bei Berechnung der gesellschaftlichen Durchschnittsproduktivität von vornherein dem gesellschaftlichen Gesamtprodukt entnommen.

Nach Marx ist m ein Teil des zu *reproduzierenden* gesellschaftlichen *Gesamtprodukts,* sofern auch der kapitalistische Mehrwertkonsum kapitalistisch - gesellschaftlich notwendig und daher ständig zu reproduzieren ist; hingegen ist m nach ihm nicht ein Teil des zu reproduzierenden Gesamt*kapitals,* da es — von der Akkumulation abgesehen — konsumiert wird, ohne wieder in die Produktion einzugehen, wie v. Nach der obigen Konstruktion ist m ein Teil des Produkts der proletarischen Arbeitskraft, der dem Proletariat von den herrschenden Klassen entzogen ist — sei es zu überdurchschnittlichem Konsum nichtproletarischer Arbeitskräfte, sei es für den Konsum nichtarbeitender Schmarotzer. m plus dem Teil von v, den das Proletariat tatsächlich erhält, ist gleich dem auf das Proletariat im Gesellschaftsdurchschnitt entfallenden Arbeitsprodukt. Es ist ein Teil von v (im oben definierten Sinn).

Das gesellschaftliche Gesamtkapital umfaßt nicht nur die Gesamtheit der tatsächlich in der gesellschaftlichen Gesamtproduktion tätigen Güter („Produktion" im weiteren Sinne gleich Wirtschaft). Die praktisch dem Schmarotzer-Konsum (nicht der Reproduktion von Arbeitskraft) dienenden Güter, die — als m — dem Proletariat entzogen sind, gehören gleichfalls dazu, da sie *potentiell* zur Reproduktion der Arbeitskraft dienen.

c + v stellt das gesellschaftliche Gesamtkapital (= Feudum) dar, das zu reproduzieren ist.

c) Die Smithsche Formel: Der Wert des Gesamtprodukts bei gleich v + m, das heißt alle menschlichen Arbeitsprodukte seien — vom Stofflichen abgesehen — letzten Endes nichts als geronnene menschliche Arbeit — auch soweit der Verschleiß von Arbeitsmitteln

(c) in Frage kommt; ihr Wert sei zwar = c + v + m, aber das c löse sich in unendlicher Kette wieder in $c^1 + v^1 + m^1$, c^1 in $c^2 + v^2 + m^2$ usw.

Diese Smithsche Formel ist „absolut" — unter Loslösung von der kapitalistischen Produktionsweise — kulturhistorisch, „klassisch-philosophisch", „allgemein-menschlich" betrachtet richtig (natürlich ist es ein grober historischer Schnitzer, den Wert des Arbeitsprodukts bis in die Anfänge der menschlichen Produktion im *kapitalistischen* Sinne auf die endlose Kette von v + m zu reduzieren). Nationalökonomisch-konkret (für die Perlustration der besonderen Bedingtheiten der kapitalistischen Gesellschaftsordnung, für jede Betrachtung, die nicht in die Uranfänge menschlicher Entwicklung zurückgeht, sondern die gesellschaftliche Ökonomie untersucht, wie sie sich auf der überlieferten Basis eines gegebenen Feudums vollzieht, für die Erkenntnis der *spezifischen* Struktur und Bewegungsgesetze einer *bestimmten* Gesellschaftsordnung) ist sie unbrauchbar. Aber nur in bezug auf die einfache Reproduktion.

Für die Akkumulation gilt sie ganz konkret-kapitalistisch. Wenn Smith den akkumulierten Teil von m als in v verwandelt bezeichnet, so hat er recht. Dies v produziert aber zunächst neues c, das die Voraussetzung für die Produktion auf höherer Stufenleiter ist, und zwar neues c vom Rohstoff angefangen durch die ganze Kette der mittelbaren Produktionsmittel bis zu den unmittelbarsten sukzessiv, von unten auf die Voraussetzungen für eine erweiterte Produktion im jeweils nächsten Glied der Kette schaffend, bis der neue Ring geschlossen ist. Die für die Erweiterung von c verwendeten Arbeitskräfte werden dann ganz oder zum Teil in der durch diese Erweiterung ermöglichten erweiterten Reproduktion verwendet. Ganz oder nur zum Teil: denn die laufende Reproduktion kann je nachdem auch weniger Arbeitskräfte beanspruchen, als die Herstellung von Neu-c, so daß ein Teil der dazu verwendeten Arbeitskräfte nach Fertigstellung des Neu-c freigesetzt wird — in die Reservearmee: eine im Hochkapitalismus alltägliche Erscheinung (besonders in der Schwerindustrie, im Rüstungskapital usw.). Auch das c, das für die Produktion desjenigen Neu-c erforderlich war, das schließlich bei der Reproduktion laufend verwendet wird, kann dauernd oder vorübergehend überflüssig werden (vgl. das Beispiel neuer großer Eisenbahnbauten, Kriegsschiffe — bei plötzlichem Eindringen des Hochkapitalismus in bisher rückständige Gebiete besonders ausgeprägt — vgl. z. B. Vereinigte Staaten). Dann entsteht die leidenschaftliche Tendenz des durch die Gefahr der Ausschiffung bedrohten Kapitals, sich durch Expansion, Neurüstungen, Waffenänderung, Erzwingung neuer Anlagen usw. das Feld weiterer profitlicher Beschäftigung zu erkämpfen. Dieser Fall tritt bei der Akkumulation so häufig auf, daß er die Regel bildet, während der Fall, daß die laufende Reproduktion mehr Arbeitskräfte erfordert als die Produktion des Neu-c zwar theoretisch denkbar, praktisch aber jedenfalls unerheblich ist. Daraus ergibt sich eine Art wechselnden Pulsschlages der Produktion; Saug- und Stoßbewegungen wechselnder Kraft; und ein fortschreitender, in seiner Stärke schwankender besonderer Impuls zur kapitalistischen Expansion.

Der Vorgang der Akkumulation vollzieht sich zunächst im Einzelkapitalisten, aber in der Regel in zahlreichen Einzelkapitalisten. Wenn er sich nicht gleichzeitig in den verschiedenen Gliedern der Produktionskette, sondern mit einiger Gleichmäßigkeit verteilt und in den einander ergänzenden und technisch in die Hände arbeitenden Gliedern der Produktionskette in der geeigneten Reihenfolge abspielen würde, könnte sich schließlich insgesamt eine relative Stetigkeit, Gleichförmigkeit des Erweiterungsprozesses ergeben. Gerade diese Voraussetzungen aber liegen in der kapitalistischen Ökonomie nicht oder nur so unvollkommen vor, daß die Produktionskrisen zu einer konstitutionellen Erscheinung werden.

Die Vorgänge in der Schwer- und Maschinenindustrie, diesen Neu-Produzenten des neu zu akkumulierenden c (wie sie die Re-Produzenten des bisherigen c sind), sind hier charakteristisch.

XXIV. *Akkumulation* bedeutet dreierlei — je nach dem S ach kreis, um deren Akkumulation es sich handelt:

1. Im weiteren Sinn: Wachstum, Steigerung, Neu-Aufhäufung des gesellschaftlichen Reichtums der in der Gesamtgesellschaft, wenn auch in individuellen Händen vorhandenen Güter, gleichviel welcher ökonomischer Art, welcher sozialen oder auch individuellen Funktion (ob Vorräte zum Luxusverzehr, zur Verschwendung, oder ob Werkzeuge zur Steigerung der Produktion).

2. Im engeren Sinne: Wachstum (Steigerung, Neu-Aufhäufung) der für die Zwecke der gesellschaftlichen Produktion und Distribution und für sonstige gesellschaftliche Funktionen dienenden Güter.

3. Im engsten Sinne: Wachstum (Steigerung, Neu-Aufhäufung) von Gütern gesellschafts-wirtschaftlicher (sozialökonomischer) Funktion.

XXIVa. Es gibt 1. *absolute*, 2. *relative Akkumulation* — je nachdem das Wachstum stattfindet in absolut quantitativer Hinsicht oder im Verhältnis zur in Frage kommenden Men-scbenzahl (in Gesellschaft, Kulturkreis usw.).

XXV. Akkumulation kann dreierlei bedeuten, je nach der ökonomischen Kategorie, je nach der Sphäre, in bezug auf die sich die Akkumulation vollzieht:

1. entweder Steigerung der Quantität (der Gütermenge) des gesellschaftlichen Reichtums;

2. oder Steigerung der ökonomischen *Qualität*, d. h. des Wertes des gesellschaftlichen Reichtums (bei gleicher oder gar geminderter Quantität — vgl. z. B.: Fall bei Massenvernichtung von gesellschaftlichem Gut — wie im jetzigen Krieg!);

3. oder beides.

XXVI. Die Akkumulation ist zu betrachten:

1. einmal unter dem Gesichtspunkt des Einzelfalls — sofern beim Umschlag eines Teils des gesellschaftlichen Reichtums in Produktion, Distribution, Konsumtion im Einzelfall Aufhäufung zur Vermehrung der ökonomischen Betriebsmittel stattfindet; solche Einzelakkumulation kann erfolgen auch bei Stagnation oder Rückzug des Reichtums der Gesamtgesellschaft in seiner Totalität betrachtet,

a. sodann unter dem Gesichtspunkt der Gesamtgesellschaft: insofern wird der Reichtum der *Gesamtgesellschaft* gesteigert (vgl. XXIV und XXV).

XXVII. Erfolgt Akkumulation, und zwar sowohl im Sinne des Wertqualitäts-, wie im Sinne des Quantitäts-Wachstums, nur und *absolut* ausschließlich durch Steigerung der gesellschaftlichen Durchschnitts-(Normal)Produktivität der gesellschaftlichen Arbeit?

Nein! Auch durch eventuelle übernormale Ausnutzung der Arbeitskräfte im Einzelfall.

Aber solche Anomalien oder doch — voraussetzungs- und begriffsgemäß — Einzelerscheinungen sind für die theoretischen Grundprinzipien, für die Hauptzüge der gesamtgesellschaftlichen Vorgänge nicht beachtlich, jedenfalls nicht wesentlich.

XXVIII. Wie fügt sich *Akkumulation in die Bewegung* des *Werts*, in den *Kreislauf* (Spirallauf) endloser Kette? Trotz Akkumulation *kein Hiatus* in der Bewegung des Werts, keine Cäsur, vielmehr Kontinuität (kontinuierlicher Zusammenhang in endloser Kette!).

Der Wert desjenigen, was nach dem gesamtgesellschaftlichen Durchschnitt zur laufenden Produktion des gesellschaftlich notwendigen Quantums an *Arbeitskraft* und des gesellschaftlichen Reichtums (Feudums), materiellen Substrates der Arbeit der Gesamtkultur erforderlich ist, geht in das Arbeitsprodukt dieser

Arbeitskraft ein; zu dieser laufenden Produktion gehört nicht nur die Reproduktion der konkret bereits angewandten Arbeitskräfte in gleicher Qualität und Quantität, auch nicht nur die Reproduktion des materiellen gesellschaftlichen Reichtums in gleicher Quantität und Qualität, sondern auch die laufend, durch Wandel der Technik, der Bedürfnisse, der Bevölkerungszahl, den Höherentwicklungstrieb usw. gebotene und in diesem Sinne gesellschaftlich-notwendige Steigerung an Quantität und Qualität; Steigerung der Arbeitskräfte und des materiellen gesellschaftlichen Reichtums (stofflichen Feudums), aber auch des ideellen Feudums aller Art, für dessen Erhaltung und Steigerung, wie für Erhaltung und Steigerung auch aller sonstigen ideellen Qualitäten nicht minder als für die Erhaltung und Steigerung des stofflichen Substrats des gesellschaftlichen Reichtums Arbeit, Produktion (z. B. von Lebens- und Ausbildungs-, Lehrmitteln) nötig ist. Kurz: auch das für die Hebung der gesamten Gesellschaft auf ein höheres Kulturniveau (höhere Lebenshaltung, bessere „Lage" der eigenen Zukunft und der künftigen Generationen) und zu größerer Ausdehnung (Bevölkerungsvermehrung usw.), d. h. für Hebung der Gesellschaft in Quantität und Qualität Nötige. Auch für *Steigerung der Produktivität* ist eine solche Steigerung in Quantität und Qualität sowohl der Arbeitskräfte wie des stofflichen Reichtums wie der Gesamtkultur in Quantität und Qualität nötig.

Diese laufend sich erweiternde, erweiterte Reproduktion (auf erhöhter Stufenleiter; steigend durchlaufende Akkumulation) ist die gesellschaftlich notwendige Reproduktion; sie ergibt den Umfang der Reproduktion, der durch die gesellschaftliche Entwicklung, durch den organisch-sozialen Fortschritt geboten ist. Die Produktion, das Mittel für diese Erweiterung, gehört zu den individuellen Lebenserfordernissen, zu den gesellschaftlichen Bedürfnissen, wie das Essen und Trinken, Kleiden usw., wie das Bereitstellen von Vorräten für Perioden, da der Neuzufluß von Bedarfsmitteln ausbleibt, und überhaupt für Perioden, in denen „auf Vorschuß" gelebt werden muß (während der Umschlagsperioden usw.); es gehört zu den Lebensnotwendigkeiten wie die Fortpflanzung, zu deren Ergänzung (soweit Bevölkerungswachstum) es auch unumgänglich ist; es gehört zur Selbst- und Arterhaltung.

Ist die Konsequenz dieser Auffassung ewige, endlose Gleichheit, starres unveränderliches Gleichbleiben der gesellschaftlichen Wertsumme?

Nein! Denn[6]

XXIX. die gesellschaftliche Durchschnittsproduktivität der Arbeitskraft ergibt den Maßstab für den Wert der Arbeitskraft. Aber der entsprechende Teil des gesellschaftlichen Gesamtprodukts braucht von dem Arbeiter zur Reproduktion seiner Arbeitskraft nicht faktisch aufgezehrt zu werden, um dieser Arbeitskraft einen solchen Wert zu verschaffen. In der Tat wird dieser Teil schon darum vom Proletarier nicht aufgezehrt, weil er ihn infolge der Exploitation nicht erhält. Aber auch dem Arbeiter zur Verfügung stehende Güter können, ja müssen unter Umständen von ihm unverbraucht bleiben — für Aufzug der neuen Generation, und zwar einer *vermehrten* Generation verwahrt und verwendet werden; desgl. „Ersparnis" für qualitativen Aufstieg der eignen und der kommenden Generationen. Und ein wichtigster Teil der gesellschaftlichen Gesamtproduktion, der aber dem Arbeiter nicht durch Exploitation vorenthalten (entzogen) ist, wird und muß — im Interesse der Gesamtgesellschaft und ihrer Entwicklung — von den herrschenden Klassen (Unternehmern usw.) aufgespeichert (der Konsumtion entzogen) werden, um die erweiterte und höher qualifizierte Produktion zu ermöglichen: Akkumulation.

Dieses so akkumulierte, laufend dem gesellschaftlichen Reichtum Zugefügte hat natürlich seinen bestimmten Wert; es geht in die Wirtschaft laufend ein (als Werkzeug, Rohstoff, Lebensmittel, für Bevölkerungsvermehrung, zufällige Arbeitskraft) und erhöht so den Wert des gesellschaftlichen Gesamtprodukts.

XXX. Findet auch eine Steigerung des Werts der einzelnen Arbeitskräfte im Kulturverlauf statt (mit Steigerung der Produktivität)?

Vollzieht sich auch insofern kein ewig gleicher Kreislauf, sondern ein Spirallauf? Mit ständig sich vergrößerndem Radius?

Diese Frage ist ein Irrwisch für Unbesonnenheit und Unvorsicht, ein Fußeisen, Fangeisen, Schlinge. Der Wert ist ein *Relatives*, eine Relation, eine Proportion zwischen verschiedenen Quantitäten Arbeitskraft; eine Proportion, für die die Arbeitskraft sich als das Gegebene, nicht seinerseits erst wieder an einem Absoluten zu Messende darstellt. Das Quantum Arbeitskraft kann wechseln, die Produktivität der Arbeitskraft kann steigen und fallen: die Qualität der Arbeitskraft als Maßstab bleibt davon unberührt.

Aber die Arbeitskraft wird doch auch mit anderen Dingen in Proportion gesetzt: im Wertkreislauf! Sie ist doch nach meiner Auffassung gleich wert wie diejenigen Güter, die sie nach der gesellschaftlichen Durchschnittsproduktivität zu erzeugen vermag. Aber diese Güter sind eben darum gleichwert dem sie erzeugenden Quantum Arbeitskraft, weil dieses Quantum Arbeitskraft in ihnen enthalten, kristallisiert, sedimentiert ist.

Wenn zur Reproduktion der Arbeitskraft faktisch nicht das gesamte Arbeitsprodukt verwendet wird, teils wegen der Ausbeutung, teils wegen der — auch zu den Lebensbedürfnissen gehörenden — Aufspeicherung (bes. Akkumulation), so ändert dies nichts daran, daß *virtuell, potentiell,* nach dem *Gesellschaftsdurchschnitt*, das gesamte Arbeitsprodukt in die Reproduktion der Arbeitskraft eingeht; dieses Potentielle, Virtuelle wird eben nur infolge des Eingreifens besonderer sozialer Momente (Ausbeutung, Akkumulation) nicht realisiert, und zwar teils nicht realisiert für eine *Klasse* (die Arbeiterklasse) wegen der Exploitation, teils nicht realisiert für die Gesamtgesellschaft (im gesellschaftlichen Durchschnitt) wegen der Akkumulation.

Gesamtquantum an Arbeitskraft kann größer werden und wird es mit der Vermehrung der Menschenzahl; dies bedeutet eine Steigerung der gesamten Wertsumme, des Gesamtquantums am Wert; der Wert besteht ja eben im Quantum Arbeitskraft. Die Steigerung der Produktivität der

Arbeitskraft bedeutet keine Steigerung des Quantums an Arbeitskraft, also keine Steigerung des Wertquantums; es sei denn, daß man die bei der gesteigerten Produktivität in der Regel stattfindende Vergrößerung des verwendeten konstanten, bes. fixen Kapitals, das in die Zirkulation eingeht, zu einer solchen Konstruktion ausnutzen möchte, weil ja dieses konstante resp. fixe Kapital früher geleistete Arbeit, kristallisierte Arbeitskraft der Vergangenheit darstellt; damit würde aber die Grenze zwischen gesellschaftlichem Reichtum (Feudum) und Arbeitskraft verwischt, ja der Unterschied zwischen ihnen aufgehoben, dessen Aufrechterhaltung notwendig ist, soll nicht alle feste Gliederung der Theorie verloren gehen.

Eine Steigerung des Werts der einzelnen Arbeitskräfte ist nur — und auch da nur im uneigentlichen Sinne — denkbar, konstruierbar im Verhältnis verschiedener Produktivitätsstadien zueinander, d. h. wenn man von einem bestimmten Produktivitätsgrad der Arbeitskraft als gegeben ausgeht und prüft, wie man eine in thesi produktivere oder minder produktive Arbeitskraft werten würde im Verhältnis zu dem gegebenen Produktivitätsstadium. Solche Betrachtung mag beim Nebeneinanderbestehen verschiedener Gesellschaf ts(Kultur-) kreise in verschiedenen Produktivitätsstadien recht aktuell und kulturgeschichtlich, ja kulturpolitisch bedeutsam sein. Mit der Werttheorie hat sie nichts zu tun.

XXXI. Tauschwert, d. h. Relation, nach der die Waren ausgetauscht werden (der Tendenz nach) — nach meiner Konstruktion durch *Quantum Arbeitskraft*, nicht durch Quantum Arbeit bestimmt; das gesamte Arbeitsprodukt enthält die gesamte Arbeitskraft — nicht aber mehr (an „Arbeit"), *nicht* a) Arbeitskraft (d. h. Arbeit bis zum Betrage der Reproduktion), b) Überarbeit (d. h. Arbeit über den Betrag der Reproduktion), sondern einfach Arbeitskraft.

XXXIa. Nach welchem Maßstab ist die Arbeitskraft quantitativ abzumessen? Nach der Dauer und Intensität der Arbeit, als der Form, in der die Arbeitskraft wirtschaftlich verausgabt wird, in die Zirkulation eingeht.

XXXII. *Preis* — im Unterschiede von Wert. Konstruktionelles Verhältnis ähnlich wie bei Marx, doch tritt der Unterschied bei meiner Konstruktion an Bedeutung zurück — (vgl. oben über Durchschnittsprofitrate).

XXXIII. Hohe, *qualifizierte* Arbeitskraft hat höhere gesellschaftliche Durchschnittsproduktivität, virtuell im gesellschaftlichen Gesamtdurchschnitt höhere Produktions- Reproduktionskosten (also höheren Wert potentiell verbrauchend und damit repräsentierend). Der höhere Wert der virtuell für ihre Reproduktion (Erstproduktion) aufzuwendenden Lebensmittel bilden nicht minder als die höhere Produktivität im Kreis(Spiral-)lauf Maß und Grund ihres hohen Wertes; diese letztere Betrachtungsart nähert sich der Marxschen.

E. Wachstum der gesellschaftlichen Wertsumme

XXXIV. Kontinuität des Werts — kein Hiatus, keine Cäsur.

a) Ein Auseinanderfallen von Wert der Arbeitskraft und Wert ihres Produkts (quoad Spezifikation durch die Arbeitskraft) ist begrifflich-konstruktionell ausgeschlossen; ihre Gleichsetzung ist ja der Ausgangspunkt meiner Auffassung, der Punkt der Abweichung von Marx (denn dies ist der präzise werttheoretische Ausdruck des Satzes: der Wert der Arbeitskraft bestimmt durch die gesellschaftliche durchschnittliche Produktivität der Arbeitskraft!).

b) Ein Auseinanderfallen des Werts der zur Produktion der Arbeitskraft im gesellschaftlichen Durchschnitt zur Verfügung stehenden (wenn auch nicht praktisch, tatsächlich verwendeten) Güter und des Werts der Arbeitskraft ist gleichfalls nach meiner Auffassung konstruktionell und begrifflich ausgeschlossen. Allerdings umfaßt die Kategorie der zur Produktion der Arbeitskraft im gesellschaftlichen Durchschnitt zur Verfügung stehenden Güter dabei, wie oben dargelegt, nicht nur auch die durch Exploitation ungleichmäßige Verteilung der *Konsum*güter, klassenmäßig entzogenen Güter, sondern auch die für Zwecke der Bevölkerungsvermehrung, für Zwecke der Steigerung des gesellschaftlichen Reichtums (stofflichen Feudums usw.) und für Zwecke der Erhöhung der Qualifikation der Arbeitskräfte wie sonstige kulturelle Zwecke (Überschußsphäre) tatsächlich aufgespeicherten, akkumulierten und nicht konsumierten Güter, durch deren Akkumulation (akkumulative Erhaltung) die gesamtgesellschaftliche Wertsumme laufend tatsächlich erhöht wird, auch der Gesamtwert der gesellschaftlichen Gesamtarbeitskraft (durch Vermehrung der Arbeitskräfte): darin liegt die laufende konstruktionelle, konstitutionelle Berücksichtigung des von Marx nur streifend und episodisch erwähnten, konstruktionell aber nicht berücksichtigten, sondern als Fremdkörper behandelten, dauernd wirkenden und sich wandelnden historisch-moralischen Moments.

c) Auch ein Auseinanderfallen vom Wert des Arbeitsprodukts und Wert der zur Reproduktion der Arbeitskraft im gesellschaftlichen Durchschnitt virtuell zur Verfügung stehenden Güter findet darnach nicht statt (Unter „Reproduktion" ist dabei nicht auch alles auch zur Höherentwicklung, Vermehrung von Arbeitskraft und gesellschaftlichem Reichtum usw. Erforderliche — vgl. zu b — zu verstehen: diese Höherentwicklung erfolgt auf Grund der Aufspeicherung nicht verzehrter, aber zum Verbrauch zur Verfügung stehender Güter; das Elastische liegt in dem „zur Verfügung stehen" und der Möglichkeit des NichtVerbrauchs, der Aufspeicherung zur Verfügung stehender Güter).

Allerdings findet die Akkumulation z. T. laufend statt durch Spezifikation der zu akkumulierenden Güter für die anderweitige Verwendung, d. h. die zu akkumulierenden Güter werden schon vor der Verausgabung der dafür in Aussicht genommenen Arbeitskraft bestimmt und dann sofort produziert, d. h. die zu akkumulierenden Güter treten z. T. überhaupt nicht in einer Form in die Wirklichkeit, in der sie an sich auch konsumiert werden könnten und nur faktisch nicht konsumiert werden. Das ändert jedoch nichts an der Beurteilung des Problems und der Konstruktion. Das gleiche gilt ja von den durch Exploitation einer Klasse von der anderen entzogenen Gütern, die wirklich konsumiert werden, nur aber von einer anderen Klasse. Diese Konsumverschiebung vollzieht sich durchlaufend während der Produktion, während des Umschlags der Arbeitskraft, und zwar vollzieht sie sich auch in der Art der hergestellt werdenden Güter, die in ihrer Art den Bedürfnissen der sie tatsächlich verbrauchenden Schicht angepaßt werden und zum großen Teil nie in einer Gestalt zutage treten, in der sie von der exploitierten Schicht verwendet werden könnten oder doch würden, falls keine Exploitation stattfände.

Diese eben betrachtete Eigenart in der praktisch - empirischen Durchführung der Akkumulation bedeutet nur ihre voraussichtliche Systematisierung und lehrt, daß es falsch ist, eine einzelne Umschlagsperiode der Arbeitskraft isoliert zu untersuchen, und daß planmäßige Gestaltung, Zukunftsberechnung keineswegs durch irgendeine sozialökonomische Konstruktion oder Lehre ausgeschlossen werden kann und soll.

d) Wenn sich im Verlauf der Umschlagszeit Arbeitskraft — Produkt — Arbeitskraft usw., überhaupt im Kreis(Spiral-)lauf die Produktivität der Arbeitskraft verändert (steigt oder sinkt), so sinkt oder steigt (in umgekehrter Proportion) der Wert der von dieser Änderung betroffenen Güter, und zwar nicht nur der neuproduzierten, sondern auch der *früher produzierten, akkumulierten* (gespeicherten); d. h. des stofflichen Feudums (gesellschaftlichen Reichtums) usw. D. h. jene Änderung trifft auch die Höhe des in der Arbeitskraft und den aufgehäuften Produkten verkörperten Wertes laufend: das historische Moment greift auch hier laufend ein.

Also: a (Wert der Arbeitskraft zur Zeit ihrer Produktion, bemessen nach dem damaligen Wert der Produktionserfordernisse oder vielmehr der für diese Produktion durchschnittlich verfügbaren Gütermasse) = p (Wert der Arbeitsprodukts, gleichviel ob es — infolge Produktivitätsverschiebung — mehr oder weniger an Quantität oder Qualität der produzierten Güter ist, als die Produktionserfordernisse, resp. die disponiblen Güter) = a' (selbst wenn mehr oder weniger an *Güter*quantität oder Qualität als bei a!) usw.

Kurz: die laufende Verschiebung im Wert der vorhandenen Produkte (gesellschaftlichen Reichtums, Feudums) durch Änderung der Produktivität ist in diese Wertkonstruktion ebenso organisch aufgenommen, wie die Akkumulation.

XXXV. Aus alldem ergibt sich, daß diese meine Auffassung in die Wertkonstruktion trägt: das Entwicklungsprinzip und die zu seiner Auswirkung erforderliche Elastizität, die auch die Umspannung aller noch so divergierenden Entwicklungsstadien, also die Gesamtentwicklung in allen ihren Epochen ermöglicht; die kulturelle Relativität des Wertes.

XXXVI. Art der Wertbewegung:

a) an Dauer: *endlose* Kette (Kausalkette);

b) an innerer Qualität: Kontinuität, kontinuierlicher Zusammenhang ohne Hiatus, ohne Cäsur;

c) Form der Bewegung im Kulturverlauf (Entwicklung, Evolution) und Rückwirkung (Involution, Inversion): Kreislauf — aber mit Radius von laufend wechselnder (bald größerer, bald geringerer, im Gesamtbild aber sich vergrößernder), aber nicht gleichmäßig, also unregelmäßig, sich ändernder Länge; d. h. bald auswärts, bald einwärts, im Gesamtbilde: auswärts gerichteter Spirallauf.

a + b + c: unregelmäßiger Spirallauf, endlose Kette, kontinuierlicher Zusammenhang.

F. Wertwandel und Produktivität

XXXVII. *Der laufende Prozeß des Wertwandels.*

Ein fortwährender infinitesimaler Wertänderungsprozeß vollzieht

sich laufend in der Gesellschaft,

1. sofern sich das gesellschaftlich Notwendige an Bedarf fortwährend ändert, und zwar

a) wegen der Änderung in der Quantität der Konsumenten (der Zahl und der für die Quantität des Bedürfnisses wesentlichen, natürlichen Zusammensetzung der Bevölkerung),

b) wegen Änderung in der Qualität der Konsumenten — in ihrer Lebenshaltung, in dem moralischen Element oder dem historischen Faktor nach Marx' Terminologie; eine Änderung, die sowohl

α) das Maß des Bedarfs beeinflußt, wie

β) die Beschaffenheit des Bedarfs — wobei zu ß) wie zur Entwertung so zur Wertsteigerung von Bestandteilen des gesellschaftlichen Reichtums führen kann;

a. sofern sich das gesellschaftlich Notwendige an Arbeit zur Herstellung des Bedarfs fortwährend ändert — durch Änderung der Technik und überhaupt der Produktivität der Arbeit.

Kurz, alle Komponenten des Wertes: Konsumentenzahl und natürliche Zusammensetzung und „moralischer Faktor" (als die zwei Bestimmgründe des gesellschaftlich Notwendigen an Bedarf), sowie Produktivität der Arbeit (als Bestimmgrund des gesellschaftlich Notwendigen an Arbeit) sind in fortwährender Änderung begriffen; und zwar einer doppelten Änderung:

a) einem Schwanken um einen gegebenen Punkt oder eine gegebene Gerade — eine Wellenbewegung bei im großen ganzen gleichbleibendem Durchschnittsniveau, die sich aus den unzähligen Mannigfaltigkeiten in der natürlichen Um- und Inwelt, ihren wechselnden Kombinationen und Variationen ergibt: das ist die Veränderung in der Konstanz, im Beharren;

b) einer fortschreitenden Niveauveränderung in Auf- oder Abstieg einzelner oder mehrerer oder aller Wertkomponenten: das ist die Veränderung in der Entwicklung.

Diese letztere ist die bei weitem bedeutsamere; und für die Kausalität der gesellschaftlichen Entwicklung zumal tritt die erstere weit in den Hintergrund, da sie sich im großen Durchschnitt, mit dem es diese Kausalität besonders zu tun hat, ausgleicht.

XXXVIII. Der laufende Wertwandel des gesellschaftlichen Feudums.

Diese Wertänderungen — wir wollen hier nur von der Wertveränderung in der Entwicklung reden — treffen nicht nur das jeweils noch zu Produzierende oder im Produktionsprozeß Begriffene, sondern ergreifen rückwirkend und umwertend auch alles bereits unter anderen Bedingungen Produzierte, dessen gesellschaftliche Notwendigkeit an Bedarf und an Arbeitsaufwand fortlaufend neu nachgeprüft wird: eine fortlaufende Umwertung aller Werte in ökonomischem Sinne. Eine ununterbrochene laufende Revision der gesellschaftlichen Notwendigkeit an Bedarf und Arbeitsaufwand, und zwar nach dem Obüberhaupt und dem Inwieweit in bezug auf alle Komponenten des Werts, alle Produkte der Vergangenheit findet statt. Der gesamte überkommene gesellschaftliche Reichtum (Feudum) wird dieser Revision und Neufestsetzung unablässig unterworfen. Der Wert des Feudums verschiebt sich fortgesetzt nicht nur durch Veränderung seiner Zusammensetzung und seines Umfangs, sondern auch durch den Wandel des Wertes der gleichbleibenden unverändert übernommenen erhaltenden Bestandteile.

XXXIX. Tendenz und Grenzen der* laufenden Wertrevision in bezug auf die Produkte der Vergangenheit.

Die fortlaufende Revision des Wertes der Produkte der Vergangenheit tendiert dahin, die Möglichkeiten der jeweiligen Gegenwart auf die Vergangenheit anzuwenden, die Vergangenheit nach der Gegenwart zu messen. Diese Tendenz vermag sich jedoch nur mit wichtigen Einschränkungen durchzusetzen, die erst das für die Wertrevision maßgebende Prinzip ergeben. Die jeweils gegenwärtigen Produktionsbedingungen geben (in Verbindung mit den anderen Wertkomponenten in ihrem jeweilig gegenwärtigen Zustand) den Wertmaßstab auch für noch vorhandene Produkte anderer Produktionsbedingungen der Vergangenheit — aber doch nur in dem Sinn, daß die gesellschaftliche Notwendigkeit der auf sie verwandten Arbeit vom Standpunkt der jeweiligen Gegenwart aus beurteilt und entschieden wird.

Die jeweilige Gegenwart fragt prinzipiell: wieviel Arbeit würde es kosten, heute dieses Produkt der Vergangenheit neu zu produzieren? Aber das Produkt der Vergangenheit, soweit es die Gegenwart bereits braucht, kann nicht erst in der Gegenwart, d. h. der Zukunft produziert werden; es muß sofort bereits da sein. Stets muß der überwiegende Teil des gegenwärtigen gesellschaftlichen Reichtums bereits in der Vergangenheit produziert sein, damit die Gegenwart leben und nach ihrer erhöhten Befähigung produzieren kann. Nie könnte die Gegenwart den gesellschaftlichen Reichtum, auf dem sie in ihrer ganzen Wirtschaft beruht, der das materielle Substrat ihrer ganzen Ökonomie bildet, erst selbst neu produzieren. Nie könnte sie — von der „Unwirtschaftlichkeit" aller Verschwendung ganz abgesehen — die zu jenem Teil gehörigen Produkte der Vergangenheit zurückweisen unter Hinweis auf die Möglichkeit, sie heute jederzeit billiger herzustellen. Dieser Teil der Produkte der Vergangenheit mußte auch vom Standpunkt der Gegenwart aus in der Vergangenheit und unter den damals notwendigen gesellschaftlichen Bedingungen hergestellt werden; das gesellschaftlich Notwendige der Vergangenheit ist insoweit gesellschaftlich notwendig auch noch für die Gegenwart. So greift stets ein großes Stück der Vergangenheit, ihrer Produktionsbedingungen für die Wertbestimmung in die Gegenwart hinein.

Für die Wertbestimmung des größten Teils des gesellschaftlichen Reichtums ist nicht der Maßstab der Gegenwartsproduktivität schlechthin maßgebend, diese Produktivität nötigt nur, in der Gegenwart mehr Arbeit aufzuwenden, als danach notwendig.[7] Sie ist kein Wertmaßstab schlechthin, sondern ein Postulat. Für die Wertbestimmung des weitaus größten Teils des gesellschaftlichen Reichtums ist maßgebend: Welches Arbeitsquantum war nach den bisherigen geschichtlichen Produktionsbedingungen im Flusse ihrer Veränderung notwendig, um diese heute vorhandenen und heute notwendigen Produkte für heute zu erzeugen? Ein objektives Problem, das einen objektiven Wertbestimmungsgrund ergibt und das sich subjektiv in der Frage spiegelt: Wie groß ist der Nachteil, den ich erleide, wenn ich die Nutzung des Produkts der Vergangenheit ablehne, bis mir ein entsprechendes in der Gegenwart (Zukunft) hergestellt werden könnte, in Vergleich zu dem höheren Preis, der mir gegenüber den aus den vollkommensten Produktionsbedingungen der Gegenwart sich rechtfertigenden abgefordert wird?

XL. Definition der Produktivität in einem gegebenen Gesellschaftszustande.

Die gegenwärtige Produktivität der gegenwärtigen Gesamtwirtschaft ist nicht identisch mit der Produktivität, die eine Wirtschaft besäße, welche nach den jeweils vollkommensten Produktionsmethoden, nach den letzten Errungenschaften der Wissenschaft und Technik aufgebaut wäre. Denn eine solche Wirtschaft kann nie in der Gegenwart bereits existieren; die Gegenwart kann sich nur bemühen, jene Errungenschaften in möglichst weitem Umfange und möglichst schnell auf die aus der Vergangenheit überkommenen unvollkommenen Bestandteile anzuwenden, das Gebäude der Wirtschaft laufend möglichst rasch und vollständig zu „modernisieren". Sie muß aber stets weit hinter den höchsten Möglichkeiten zurückbleiben; ihre Tätigkeit beruht stets und unausweichlich auf Einrichtungen, die der

Vergangenheit entnommen sind: der näheren oder ferneren Vergangenheit, von den Errungenschaften der Gegenwart mehr oder weniger entfernt. Sie schleppt stets, und muß stets mit sich schleppen eine Unmasse von Residuen früherer Entwicklungsphasen.

XLI. Produktionsbedingungen der Vergangenheit als Bestimmungsgründe für den Wert der Gegenwartsprodukte.

Die Spannung zwischen den mit gesellschaftlicher Notwendigkeit in die Gegenwart übergreifenden Produktionsbedingungen der Vergangenheit und denen der Gegenwart wirkt auch auf den Wert der Gegenwartsprodukte. Denn nicht diejenigen Produktionsbedingungen, die die jeweils günstigsten sind, bestimmen den Wert der Produkte, ebensowenig wie jedes individuelle Produkt nach seinen individuellen Produktionsbedingungen bewertet wird, sondern bestimmend ist die Gesamtheit aller derjenigen Produktionsbedingungen, die in concreto zur Herstellung des gesellschaftlich Notwendigen für die Gegenwart gesellschaftlich notwendig waren; d.h.

a) der tatsächlich vorhandenen gegenwärtigen Produktionsbedingungen mit all ihren Unvollkommenheiten und ihrem Ballast aus zurückgebliebener Vergangenheit, durch die die gegenwärtigen Produktionsbedingungen stets unendlich tief unter das nach den wissenschaftlich-technischen Errungenschaften mögliche Höchstmaß an Vollkommenheit herabgedrückt werden;

b) der Produktionsbedingungen der Vergangenheit, nach denen für die heutige Produktion notwendige Teile des heutigen gesellschaftlichen Reichtums hergestellt sind.

Das Maß ergibt nicht den Durchschnitt dieser Bedingungen, sondern — à la Grundrente — deren untere Grenze der noch notwendigen ungünstigsten Bedingungen (woraus sich auch eine Kapitalrente ergibt — außer dem Profit aus Mehrwert).

Der so in die Gegenwart übergreifenden Produktionsbedingungen der Vergangenheit sind unzählige und den verschiedensten Entwicklungsphasen angehörige, die bis in die weiteste Vergangenheit zurückgehen. Wie wir in den gegenwärtigen Gütern allenthalben Teile der in den früheren Perioden erzeugten Güter — Stücke der Arbeit der früheren Gesellschaftsepochen — besitzen und gebrauchen, so stecken im Werte unserer heutigen Güter, ob sie nun in der Vergangenheit oder der Gegenwart hergestellt sind, die Produktionsbedingungen der Vergangenheit als Bestimmungsgründe, als Elemente der Bemessung, als wesentliche Komponenten des Wertes dieser heutigen Güter.

XLII. Absoluter und relativer Wertmaßstab. Wert des gesamten Menschheits-Reichtums.

Der Wert eines Teiles des Menschenrcichtumes (Güter) läßt sich messen an dem eines anderen Teiles — z. B. des Geldes. Das ergibt einen relativen Wertmaßstab; relativ im Verhältnis der Güter untereinander. Einen absoluten Wertmaßstab gibt es nicht. So kann auch der Gesamtwert des gesamten Menschheitsreichtumes (aller Güter) nicht gemessen werden; es fehlt das absolute Maß, das außerhalb der Menschheit stehende Maß.

Wohl aber gibt es ein Maß, das außerhalb der Menschheitsgüter steht, wenn auch nicht außerhalb der Menschheit: die menschliche Arbeitskraft.

Sie ist auch ein menschliches „Gebrauchs-, Wirtschaftsgut", eine „Ware" sogar in gewissen Gesellschaftsordnungen; aber sie ist zugleich ein Stück des Menschen, ein Teil des menschlichen Wesens, eine Seite der menschlichen Natur selbst. Durch diesen Doppelcharakter, in dem sich Güterwert und Menschenwesen verknüpfen, ist die Arbeitskraft der vollkommenste Wertmaßstab; kein absoluter, aber ein von dem gesellschaftlichen Sachreichtum selbst losgelöster, außerhalb der von Menschen besessenen Wirtschaftsgüter, außerhalb des zu Messenden befestigter Maßstab; ein relativer Maßstab, aber relativ nicht im Verhältnis der verschiedenen zu messenden Güter untereinander, sondern nur durch seine Beschränktheit auf die menschliche Natur; ja man könnte ihn sogar absolut nennen, sofern die menschliche Natur eine kosmische Tatsache, eine gegebene Größe des Universums ist. Sie ist der vollkommenste Wertmaßstab auch durch ihren organischen Charakter, durch die Tatsache, daß ihre Leistungsfähigkeit sich verändert, daß sie sich in ihrer wirtschaftlichen Qualifikation entwickelt; ja daß die Entwicklung ihrer Qualifikation die grundlegende Tatsache der gesamten menschlichen Wirtschaftsentwicklung, damit die grundlegende Tatsache auch des Wertwandels bildet; so ist sie der gegebene und natürliche Maßstab für den laufenden Wertwandel. Nur aus ihr ist der qualifizierte Reproduktionswert, der jeweils den Gesamtwert des gesamten menschlichen Reichtums darstellt, zu entnehmen, zu konstruieren; nur an ihr zu messen.

Anmerkungen

[1] Ergänzt durch eine Abhandlung **Notizen zur politischen Ökonomie**, geschrieben in der Untersuchungshaft 1916 — im Folgenden Ms. A genannt.

[2] Dieser Exkurs (bis E XXXVI) bereits veröffentlicht im **Archiv für Sozialwissenschaft und Sozialpolitik**, Bd. 46, S. 605 ff.

[3] Aus Ms. A.: Die Marxsche Werttheorie ist unbefriedigend. Zwischen Arbeitskraft und Arbeit wird der Kreislauf auseinandergerissen — der Wert der „Arbeitskraft" wird aus der ‚Arbeit* genommen. Der Wert der Arbeit aber nicht aus der Arbeitskraft. Jede klare wesentliche Relation zwischen dem Wert der Arbeitskraft und dem Wert ihrer Arbeitsleistung fehlt. Der Mehrwert wird aus der Fähigkeit der Arbeitskraft, über ihren eigenen Wert hinaus Wert zu schaffen, erklärt. Der Mehrwert ist Produkt einer ökonomischen Urzeugung.

Der Wert der Arbeitskraft ist eine gesellschaftliche Tatsache, und aus der Gesamtheit der Gesellschaftswirtschaft zu entnehmen. Marx entnimmt ihn aus der Klassenlage des Proletariats und gibt damit auf eine ökonomische Frage eine soziale Antwort. Der Gesamtzusammenhang der Gesellschaftswirtschaft bestimmt die Produktivität der Arbeit — als eine Durchschnittstatsache; derselbe Gesamtzusammenhang bestimmt auch den Wert der Arbeitskraft — als eine Durchschnittstatsache. Dieser Wert ist unabhängig von den besonderen Produktionskosten der Arbeitskraft, wie sie durch die besondere soziale Lage des Trägers der Arbeitskraft, des Arbeiters, abweichend vom gesellschaftlichen Durchschnitt, bedingt werden. Diese sozial bedingten Produktionskosten ergeben nur den *Preis* der wahren Arbeitskraft, der bei der proletarischen Arbeitskraft dauernd unter ihrem Werte steht.

Der bei Marx unterbrochene Kreis ist zu schließen.

Der Wert der Arbeit = Wert der Arbeitskraft.

Die Arbeitskraft geht in das Produkt ein und zwar in ihrem Werte. Dieser Wert ist bestimmt durch die gesellschaftliche Durchschnittsproduktivität der Arbeit, d. h. durch das Produkt, das die Arbeitskraft nach dem Stand der gesellschaftlichen Durchschnittsproduktivität zu erzeugen berufen ist. Der Wert des gesellschaftlichen Gesamtprodukts = dem Wert der dafür aufgewandten gesellschaftlichen Gesamtarbeitskraft ; und der Wert des Gesamtprodukts der proletarischen Arbeit = dem Wert der gesamten dafür aufgewandten Arbeitskraft. Der hierbei gemeinte Wert des Gesamtprodukts ist der Wert des Bruttoprodukts abzuglich der darin aufgegangenen Werte an konstantem Kapital, abzüglich auch des gesellschaftlich notwendig jeweils zu akkumulierenden Produktteils.

Wenn das Proletariat für seine Arbeit, d. h. für seine verausgabte Arbeitskraft, nicht den äquivalenten im Gesellschaftsdurchschnitt darauf entfallenden Teil des Gesamtprodukts erhält, so erhalt es eben *weniger* als den Wert seiner verausgabten Arbeitskraft. Nicht urerzeugter Neuwert ist's, was der Kapitalist aus dem Proletarier zieht, sondern ein Teil des Werts der proletarischen Arbeitskraft selbst; es handelt sich bei der Ausbeutung nicht um unbezahlte Arbeit, sondern um unbezahlte Arbeitskraft selbst. Der „Mehrwert" ist kein „Mehr" an Wert gegenüber dem Wert der Arbeitskraft, er ist ein Abzug von dem der aufgewandten Arbeitskraft gleichwertigen Arbeitsprodukt dieser Arbeitskraft. Kein „Mehrwert" liegt vor, sondern ein Mehranteil. Das Problem der Ausbeutung ist ein reines *Verteilungsproblem*, nicht ein Produktionsproblem, wie Marx konstruiert. Der Proletarier erhält einen Minderanteil, einen Minderlohn Die Reproduktion seiner Arbeitskraft vollzieht sich vom alleinentscheidenden Maßstab des gesellschaftlichen Durchschnitts aus in Unterkonsumtion. (Auch die Begriffe konstantes und variables Kapital im Marxschen Sinne werden damit eliminiert.) Die soziale Lage der Arbeiterklasse tritt bei dieser Konstruktion nicht in der Sphäre der Produktion, sondern in der Sphäre der Verteilung des gesellschaftlichen Produkts bestimmend auf. Der Charakter der Ausbeutung als einer Wirkung der gesellschaftlichen Machtverhältnisse erscheint in voller Klarheit.

[4] Es ist dies der berühmte Widerspruch zwischen dem 1. Band des **Kapital** (Werttheorie) und dem 3. Band (Durchschnittsprofitrate, Produktionskosten, Preis); vgl. Engels, Vorwort zum 3. Band vom **Kapital** S. Xff. [Anm. d. Hrsg.]

[5] Äquivalent ist nicht *Gleichart*, sondern Gleichwert, der auch anders geartete nnd im gewöhnlichen Sinne scheinbar, ja im moralischen Sinne *wirklich* inkommensurable Eigenschaften im Kreislauf des sozialökonomischen Wertes mit aufwiegt.

[6] Zum Wachstum der gesellschaftlichen Gesamtwertsumme vgl. die unter XXXIV b und c bezeichneten Stellen.

[7] Vgl. XL 276